56
B
1254

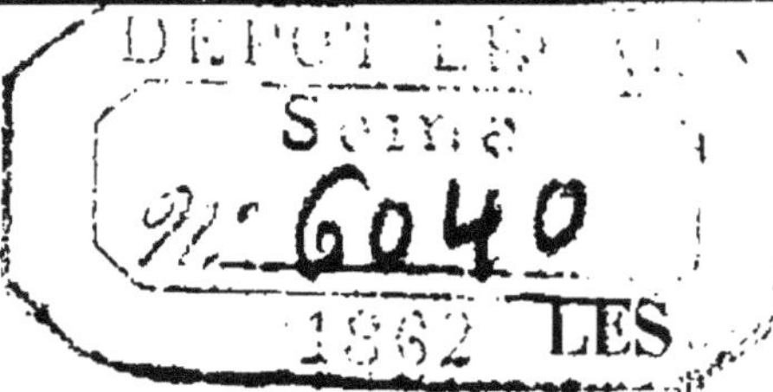

LES MENTEURS POLITIQUES

PAR

P. RAMBAUDOUX

PARIS

TYPOGRAPHIE GAITTET

7, RUE GIT-LE-CŒUR, 7.

—

1862

LES

MENTEURS POLITIQUES

LES
MENTEURS POLITIQUES

PAR

P. RAMBAUDOUX

PARIS

TYPOGRAPHIE GAITTET

7, RUE GIT-LE-CŒUR, 7.

—

1862

LES
MENTEURS POLITIQUES.

LETTRE PREMIÈRE.

1er mai 1862.

Vous ne soupçonnez peut-être pas, mon ami, combien de questions sérieuses vous soulevez dans votre lettre. Je sais que la franchise que vous m'avez toujours connue et votre titre d'ami vous donnent le droit de faire appel à ma bonne volonté, dans les circonstances délicates où vous vous trouvez pour la première fois. Je comprends que le milieu dans lequel la procédure vous a placé se compose d'éléments assez divers pour vous embarrasser un peu, malgré votre désir sincère de faire et de dire ce qui est bien.

Je connais assez la droiture de votre jugement pour me dispenser de répondre avec de grands détails à une multitude d'objections plus ou moins sophistiquées, que vous croyez entrevoir dans les pourparlers variés des cercles dans lesquels vous êtes fréquemment appelé, et qui, en cela, croient vous honorer beaucoup. Accordez-leur cette gloriole, et conservez votre indépendance morale.

Mais si, en restant toujours dans le calme que donnent la vérité et la solidité de la cause que vous voulez défendre, vous vous apercevez qu'il y a parti pris dans votre entourage d'attaquer toujours, et que vous désiriez montrer que vous n'êtes pas plus ignorant qu'un autre, racontez sans emphase ce que vous saurez

être vrai. Soyez assuré que les taquine-
ries oiseuses tomberont d'elles-mêmes,
et que ceux qui vous écouteront y regar-
deront à deux fois avant de vous contre-
dire.

Vous me dites que vous avez auprès
de vous trois ou quatre personnages de
robe et de couleur différente, qui sont
unanimes à jeter le blâme sur ce que
vous savez mériter en tout point l'éloge
le plus complet. Je ne saurais mieux
faire, pour vous garantir de l'erreur, que
de vous donner, dans une suite de lettres, un moyen infaillible de reconnaître
les menteurs.

Je ne veux blesser aucune susceptibilité personnelle; je vous exposerai les
faits tels qu'ils sont. Vous les connaissez
déjà; mais je les résumerai à votre mé-
moire, de manière à vous en servir à l'occasion.

Je crois que c'est là le meilleur moyen

de combattre à armes courtoises, mais infailliblement victorieuses, ces quelques criards qui effrayent votre âme droite, mais impressionnable.

Si vous trouvez mes lettres un peu longues, vous n'avez qu'à songer que ce n'est point un modèle de style épistolaire que je veux vous donner. Je tiens à vous communiquer mes impressions, puisque votre confiance m'en fait un devoir. Quel que soit le mode que j'emploie, acceptez-le de mon amitié.

LETTRE DEUXIÈME.

8 mai 1852.

Un menteur, mon cher Gabriel, est celui qui ne dit pas la vérité, ou qui falsifie la vérité, ou qui veut prouver que la vérité est un mensonge, ou qui est ingrat; et ce dernier n'est pas le plus petit menteur, puisqu'il ment à sa conscience.

Ceux qui ne veulent pas que cette définition soit vraie sont des menteurs.

Défiez-vous toujours des menteurs. Menteur ou trompeur, c'est tout un.

Il existe, comme vous devez le penser, différentes espèces de menteurs : les uns sont menteurs dans les affaires privées ; d'autres le sont dans les affaires publiques. Que chacun se tienne en garde contre les premiers ; que tous sachent reconnaître les seconds, afin de les prendre pour ce qu'ils valent. Aujourd'hui tout le monde en France s'occupe des affaires publiques, seul ou en causant avec les amis ou l'entourage. Il est donc de l'intérêt de tous en général, et de chacun en particulier, de savoir à quoi s'en tenir sur la vérité de ce qu'on entend. Je ne me pose point en indicateur des menteurs personnellement ; mais je suis fort aise de dire à qui voudra le savoir comment j'ai reconnu qu'il existait des menteurs en politique comme en toute autre chose. Que le mensonge soit écrit sur de grandes pages ou qu'il sorte d'une bouche prétentieuse, il est toujours mensonge. La vérité que je crois connaître m'indiquant le mensonge, il ne m'a pas été difficile de voir où étaient les menteurs. Faites ce que j'ai fait, et vous n'aurez point à redouter ce titre de honte.

Je vais faire passer sous vos yeux toutes les vérités que je me suis rappelées à moi-même. Tout ce que j'entends dire contre est pour moi mensonge ; vous le nommerez comme vous l'entendrez.

La France est le plus beau pays de l'Europe, le plus favorisé du ciel, le plus puissant de l'univers.

Ceux qui disent le contraire sont pour moi des menteurs.

La France est le plus beau pays de l'Europe, parce que nous avons tous les produits, tous les climats, toutes les sciences, tous les arts, toutes les vertus ; c'est le pays le plus favorisé du ciel, parce que Dieu en a fait l'objet de ses complaisances et le bijou de l'Europe ; c'est le plus puissant de l'univers, parce que son gouvernement actuel favorise le développement de toutes les grandes idées, de toutes les grandes entreprises, parce que lui seul a replacé les Français au rang qu'ils doivent occuper.

Ceux qui disent que cela n'est pas sont des menteurs, n'en déplaise à ceux qui se sentent atteints de la maladie.

La France, notre bien-aimée patrie, doit sa grandeur actuelle à son gouvernement, parce que le chef qui la conduit aujourd'hui l'a rendue telle que nous la voyons ; parce qu'il ne tremble pas, qu'il marche avec sagesse, sans écouter les bruits jaloux, les déceptions ambitieuses. Il dompte le méchant, il favorise le bon. Il encourage et récompense tout ce qui est bien. Il voit tout, il sait tout, il prévoit tout. Il ne se laisse intimider par aucune susceptibilité de trembleurs, de mécontents, de méchants, d'ennemis ; il donne l'élan à tout ce qui est vertueux, à tout ce qui est grand, dans l'industrie, dans les travaux, dans l'agriculture, dans les sciences, dans les arts.

Que quelqu'un dise que ceux qui nient ces choses ne sont pas des menteurs !

La France a bien toujours été grande nation par le cœur, mais l'époque où elle a atteint son plus haut rang, dont elle n'aurait jamais dû descendre, est celle où, connaissant ses droits et voulant faire paraître au grand jour ce qu'elle pouvait, elle a dit à l'ancien régime : Assez de contraintes, assez de rigueurs, assez de favoritisme et de priviléges ; soyons tous frères et égaux devant la loi ; ayons un chef digne de nous.

Bien menteurs sont ceux qui nient ce fait. Si vous voulez être impartial, vous serez encore en cela du sentiment de votre tout dévoué ami.

LETTRE TROISIÈME.

12 mai 1862.

On ne peut faire d'omelette sans casser les œufs; or, il arriva que le peuple français commença à sentir qu'il existait, les privilégiés poussèrent les hauts cris; ils voyaient surgir avec dépit cet être nouveau que, par une vieille habitude, ils nommaient une chose, et, par une criminelle résistance au mouvement naturel inspiré par Dieu, ils occasionnèrent beaucoup de mal; mais le bien se fit, et du baptême sortit une nation nouvelle, une vraie nation, quoiqu'il faille avouer que, dans le premier exercice de sa force, il se rencontra des hommes qui allaient trop loin contre ceux qui voulaient en faire un mort-né. Aussi on ne devrait jamais s'opposer aux desseins de Dieu.

Tout à coup cette jeune nation s'arrête, se calme au souffle inspiré d'un héros que Dieu avait créé pour elle, afin de faire tourner vers le bien cette étonnante activité. Napoléon Ier arrange tout.

Ceux qui voudraient nier ces faits sont pour moi des menteurs.

Napoléon Ier, vous le savez très-bien et personne ne le révoque en doute, était un homme de taille moyenne, avec un génie grand comme le monde, et tel que Dieu le donne à ceux à qui il confie le soin de sauver les peuples. Il a été le plus habile et le plus vaillant guerrier de tous les siècles. Tous les peuples qui n'étaient pas ses amis tremblaient à son nom; il les a tous vaincus avec son peuple français. Il était du peuple; il aimait

le peuple, favorisait le peuple qu'il éle-
vait bien haut; il faisait respecter le
peuple qu'il menait partout victorieux.

Dieu nous envoya cet homme extraordinaire, quand nous allions faire naufrage
et périr; c'était à l'époque de la chute
du despotisme qui disparaissait avec
toutes les convulsions d'une agonie san-
glante, fruit de la superstitieuse et odieuse
résistance de ceux qui l'avaient occa-
sionnée.

Les menteurs seuls disent le contraire.

Le vieux système parvint à soulever
tous les rois de l'Europe que Napoléon
avait terrassés; ils se coalisèrent, et,
aidés de la trahison des lâches et des in-
grats, contraignirent le héros à partir
pour l'exil. Il y mourut.

La France alors retomba dans l'humi-
liation; elle fut obligée de se soumettre
de nouveau aux héritiers usés des anciens
rois, qui prenaient la France pour une

pendule qui, de père en fils, devait toujours sonner les heures pour leur famille. Toutes ces têtes couronnées avaient honteusement traîné à la suite de leurs innombrables bataillons les derniers rameaux d'un tronc qui avait eu ses grandeurs, mais qui alors s'affaissait de décrépitude, parce qu'il n'avait plus de séve. Quinze ans après ils furent déclarés hors de service. Une espèce de gouvernement mixte leur succéda : c'était un gouvernement métallique ; il se rouilla. En partant pour l'Angleterre, il laissa la France au comble de l'avilissement.

Tout cela peut être avoué sans crainte par ceux qui ne sont pas menteurs.

Quelle est l'idée de mon ami ?

LETTRE QUATRIÈME.

16 mai 1862.

La France, par transition, passa quelque temps en République; mais la licence faisant mine de vouloir marcher assez rondement pour jeter l'épouvante et faire redouter des catastrophes, Dieu a fait pour la France, qu'il aime tant, ce qu'il avait déjà fait, et malgré notre ingratitude à repousser les sauveurs seuls capables de nous bien diriger, il nous a envoyé un des parents de ce grand Napoléon, qui se nomme également Napoléon. Nos sauveurs ne peuvent se nommer autrement. Tout s'est apaisé comme par enchantement.

Aujourd'hui, de Paris, ce chef incomparable fait peur à tous les autres monarques des peuples ; ils craignent tous de lui voir prendre, comme son oncle, le chemin de leurs capitales. Ils ont bien tort, car il a dit : « L'Empire, c'est la paix. » Il les laissera tranquilles, à moins qu'ils ne méprisent la France. A cette occasion, il leur a même donné quelques leçons. Qu'ils s'en souviennent ; que d'autres en profitent.

Que tous ceux qui pensent le contraire de ce que je viens de vous dire le gardent pour eux ; autrement ils passeraient pour des menteurs.

On a cru un moment que le Français pouvait se conduire seul. Mais, après y avoir bien pensé, les bons de la nation, et ce sont de beaucoup les plus nombreux, se sont dit : dans une famille s'il n'y a pas un chef unique qui désigne ce qu'il faut faire ou ne pas faire, ça ne va pas. Dans un atelier, si le plus habile ne dirige pas le travail et les ouvriers, ça ne va pas. Dans une exploitation agricole, s'il n'y a pas un maître qui indique le moment de faucher, de labourer, de semer, de herser, de biner, de moissonner, il n'y a pas de bon travail possible. Dans une commune, si chacun fait ce qu'il veut et comme il veut, le bœuf de Pierre ira impunément manger le foin de Jacques. Dans un département, si chaque ville, chaque bourg, chaque village, chaque hameau, chaque individu, marchent suivant leur caprice, rien ne se fera, ou tout se fera mal. (Je ne doute pas qu'avec un pareil système, les chemins même ne devinssent une agglomération de lignes plus ou moins brisées.)

Qu'on dise le contraire du sentiment commun, et j'affirme qu'on sera menteur.

La France a donc vu qu'il était absurde de penser que quarante millions d'individus livrés à eux-mêmes pussent arriver à faire quelque chose de bon, si elle ne confiait les guides à l'homme le plus capable de les tenir. Alors, malgré les mécontents, on a eu le bon sens de confier la barque à Napoléon III, juste au moment où les gens raisonnahles ont vu que tout tournait du côté du travers, et que les étrangers se moquaient de nous.

La France, la vraie France, s'est écriée : Halte là, messieurs les perturbateurs; nous nommons un Empereur, ne vous en déplaise. Cela veut dire, entendez-le bien, que nous consentons à faire tout ce qu'il nous dira. Nous le chargeons de veiller à tous nos intérêts. Nous n'ignorons pas qu'il aura beaucoup à faire. Mais c'est le neveu du grand Napoléon, nous sommes sans crainte.

Pour vous, méchants, jaloux, turbulents, il ne dormira jamais, sachez-le, et réglera vos affaires en arrangeant les nô- tres avec la Russie, l'Autriche, la Syrie, la Chine, la Cochinchine, le Mexique, etc., et même avec tout autre qui nous cher- cherait querelle.

Il n'y a que les menteurs qui puissent dire que nous n'avons pas bien fait. Qu'en pensez-vous ?

Et voilà que depuis que nous avons exécuté notre résolution. nous nous aper- cevons que Napoléon III serait de droit le président du conseil des rois et des em- pereurs de l'univers, s'il leur prenait en- vie de se réunir en congrès. En sa qualité de président de ce suprême conseil, sa voix, sachez-le, compterait pour deux, au moins. Et si les autres faisaient les récalcitrants, son épée compterait pour six.

Tout cela est la conviction intime de ceux qui ne sont pas menteurs.

Vous devez vous apercevoir que c'est juste l'opposé de ce qui est arrivé durant les trois règnes de ceux qui avaient usurpé le trône que nos pères avaient donné à l'oncle. Car, pendant tout ce temps, la voix de la France était nulle; on se passait d'elle pour délibérer; elle était descendue au dernier rang des nations après en avoir été la maîtresse. Il n'y a que les menteurs qui ne veulent pas avouer cela.

De sorte que celui qui est aujourd'hui le chef de la France, est à la fois le vainqueur de l'anarchie, le soutien des libertés des peuples, le pacificateur des nations, le régulateur des choses européennes, quand il croit devoir se mêler des affaires des autres; il est la terreur des ennemis. Voilà pourquoi les pays lointains, comme les plus voisins, nous saluent très-respectueusement, quand notre drapeau national, qui n'est plus celui d'une famille, et qui n'est pas celui du sang, les avertit que nous passons.

Tout l'univers appellera menteurs ceux qui diront le contraire.

Loin de vous, mon ami, l'idée d'être de ce nombre ; et vive notre drapeau !

LETTRE CINQUIÈME.

20 mai 1862.

Tout le monde sait que le génie de notre Empereur est aussi vaste que son cœur est bon et compatissant, que son esprit est actif à tout créer pour le bien du peuple. Il a été habile à vaincre les ennemis de la France, sous quelque forme qu'ils se soient présentés. A la chambre, dans la rue, sur les champs de bataille, partout il a été le maître. Il nous a procuré le calme à l'intérieur, et la prédominance à l'extérieur ; la prospérité au dedans, la victoire au dehors.

Toutes les misères, toutes les épidémies, tous les fléaux l'ont trouvé sur la brèche, pleurant sur les misères de ses enfants, soulageant tous les maux, essuyant toutes les larmes, visitant en père tout son peuple. Les plus grandes améliorations ont été opérées par son initiative, dans l'agriculture, dans l'assainissement des villes, qu'il a transformées, dans les habitations et les travaux des ouvriers, dans l'élan donné à toutes les industries. Il s'est complu à créer toutes sortes de sociétés de bienfaisance. Il a amélioré de toutes manières le bien-être des masses par une prévision efficace de tous les accidents fâcheux du travail, et par les sociétés de secours mutuels. Tout cela, et bien d'autres choses que je ne puis énumérer dans une lettre, tout s'est fait en douze ans, au milieu des troubles, des guerres, des tracasseries. Peu de menteurs pour cela.

Savez-vous ce qui opère le prodige?

Écoutez l'Empereur, voilà ses propres pa-
roles, et vous serez fixé : « Quand on a
« l'honneur, disait-il, de commander à
« des Français, il y a un moyen efficace
« de faire le bien, c'est de le vouloir. »
Il l'a voulu. Il l'a fait. Que ne devons-
nous pas attendre d'un long règne que les
vrais Français prient Dieu de lui accor-
der. Demandez le sentiment de notre glo-
rieuse armée.

Sans doute, en France, tout le monde
ne chante pas l'*hosannah* en voyant comment marche ferme et droit notre chef
providentiel, envoyé de Dieu tout exprès
pour remonter ce qui a été, ce qui est, ce
qui sera disloqué en France. Il y a quelques mécontents. Tous rentrent dans une
catégorie de menteurs. Mais que sont, en
face de nos huit millions de suffrages,
quelques aveugles qui s'obstinent à ne pas
vouloir ouvrir les yeux à la lumière? Il
faut qu'ils aient une forte dose d'ingrati-

tude pour oublier que c'est lui qui les a sauvés, qui a muselé l'hydre de l'anarchie, qui nous fait tous participer au maniement des affaires, puisque notre libre suffrage universel lui envoie nos représentants.

Puisque nous parlons des mécontents, permettez que je vous les fasse passer devant vos yeux, l'un après l'autre. Tous sont ennemis de la nation, de la vraie nation. Tels sont : ceux que contrarient la fermeté de l'Empereur, sa sagesse, son génie, ses victoires, la grandeur de ses vues, ses grandes entreprises dans la paix qu'il nous a donnée et qu'il nous garde d'une main si vigoureuse; et encore, quoiqu'ils ne soient pas la franchise personnifiée, quelques journalistes payés pour dire le contraire de ce qu'ils pensent et savent, et qui se moquent de la crédulité banale de leurs lecteurs; quelques hommes d'un talent incontestable, qui intérieurement désavouent bien les gouvernements qu'ils ont servilement adulés, mais que leur orgueil empêche de reconnaître publiquement leurs travers de conscience.

Ceux qui n'aiment pas le grand air, parce qu'ils le redoutent, et qui aimeraient mieux voir nos villes infectes et malsaines, que de les voir propres, assainies et ouvertes à la circulation de l'air.

On peut encore compter quelques étudiants qui n'étudient pas, ou qui étudient avec des *étudiantes*, en attendant une place qu'ils ambitionnent et qui leur serait peut-être nécessaire. Ajoutez, si vous y tenez tant soit peu, ces quelques professeurs ambitieux qu'on a cru devoir laisser dans leurs fonctions malgré leur désir ardent de monter plus haut, et qui ont cru brûler le temple de Delphes, tant était grand leur désir insensé de passer à la postérité.

Quelques catholiques timides ou trompés qui ne songent plus qu'ils doivent le rappel des prêtres en France à Napoléon Ier, le rétablissement du vrai culte à Napoléon Ier; qui veulent oublier que le pape est à Rome par la force des armes de Napoléon III ; qu'il est maintenu à Rome par l'Empereur ; qu'il a été honoré en toutes manières par l'Empereur, qui voulait même en faire le président d'une confédération italienne ; que le sort du clergé a été amélioré par l'Empereur ; que la religion est honorée, respectée et aimée par l'Empereur. Il ne serait pas mal aussi qu'en oubliant tout, on se rappelât cependant que saint Louis n'a pas été toujours d'accord avec le Pape, quoique ce soit un grand saint et un grand roi de la race qui a gouverné la France, et dont ils se souviennent avec *délices*, et peut-être avec trop de *regrets*. Il est vrai que ces catholiques forment le petit et très-petit nombre. On doit en juger par les protestations que reçoit l'Empereur dans tous ses voyages à travers la France, qu'il veut connaître à fond, pour porter partout le baume de ses bienfaits.

Je vous en ai dit assez pour que vous puissiez facilement reconnaître les menteurs.

Pour ceux qui, par conviction intime, n'aiment pas l'Empereur, je crois que le nombre en est restreint. Mais ceux-là encore sont forcés de l'estimer, de le remercier ; car ils savent que nul autre n'aurait pu nous tirer du mauvais pas où nous glissions.

Faites votre profit des jalons que j'ai plantés pour vous diriger dans vos appréciations. Souvenez-vous que la vérité sera toujours une arme terrible.

LETTRE SIXIÈME.

25 mai 1862.

Je ne vous ai pas signalé tous les mé-contents dans ma dernière lettre, il est juste que je répare mon omission, si la nomenclature ne vous ennuie point.

Ne sont pas non plus les intimes de l'Empereur ceux qui voudraient façonner suivant leurs désirs une république bien sociale qui voulût, par reconnaissance, les porter au rang suprême, les gorger des dépouilles et des ruines ; car, sachez-le, les meneurs voudraient l'huître pour eux ; pour ce qui regarde l'écaille, si grosse qu'elle fût, et l'égalité de misère, ils les destinent à ceux qui se font tuer sans savoir où on les conduit.

Ces gens sont tellement menteurs, que se voyant découverts, ils osent nier leurs intentions. Qu'on se rappelle seulement les faits.

Peut-être encore en regardant de plus près, pourrions-nous découvrir dans les rangs clairsemés des mécontents certains hypocrites qui ne trouvent pas au niveau de leur orgueil les places que le gouvernement leur a confiées.

Tous ces mécontents représentent bien peut-être la moitié d'un sur mille. Il n'y a que les menteurs qui oseront le nier. Mais les menteurs ne font pas parti du vrai peuple.

Savez-vous pourquoi il y a des mécontents ? C'est parce que jamais personne n'a fait et ne fera au gré de tout le monde

Dieu lui-même ne l'a pas voulu ; le divin Sauveur ne l'a pas voulu ; David, le saint roi, ne l'a pas fait ; Salomon fut obligé de sévir ; Napoléon ne pourra jamais le faire, parce qu'il est homme, et que la chose est impossible.

Cependant, il faut que vous le sachiez, ses œuvres, sa bonté, son génie, ses largesses, font tous les jours des conversions nombreuses. Il y aurait même un moyen infaillible d'arriver à ce but, ce serait la possibilité de pouvoir parler à tout le monde, chose qui n'est guère facile et qui cependant réussirait à merveille. Qu'on le demande plutôt à ceux qui connaissent personnellement l'Empereur. Il y en a déjà plusieurs millions en France.

Que les menteurs disent le contraire.

Mais que sont, je vous le demande, un ou deux écrivains ; quelques barbouilleurs de papier, poëtes ou prosateurs ; quelques poseurs de salons ou causeurs au dessert ; ce petit nombre de rétrogrades, ces mécontents petits apôtres d'un système perturbateur , en face du vrai peuple auquel on ne parviendra plus à faire prendre le change sur les intentions de ceux qui voudraient lui faire la leçon ou le gagner à prix d'or ?

La calomnie ne peut plus rien ; et la réponse de ce peuple instruit à ses dépens sera toujours : *timeo Danaos et dona férentes*. Oui, je ne me fie point aux promesses des traîtres.

Que les menteurs affirment le contraire.

Il faut qu'on n'ignore pas que le vrai peuple, que désormais on ne peut plus tromper, parce qu'il a mis sa volonté raisonnée et raisonnable dans la balance, est un peuple nombreux quoique calme. Il est calme parce qu'il est sage, prudent, fort. Il n'y a que la faiblesse qui clabaude.

Vous savez aussi bien que moi les élé-

ments dont se compose le peuple. Laissez-
moi vous les rappeler. Tous les ouvriers
honnêtes, les cultivateurs probes et labo-
rieux. Vous avouerez avec moi que ces
deux classes seules forment plus des trois
quarts de la population totale de la
France. Ajoutez cette foule innombrable
d'industriels, de commerçants, de manu-
facturiers, cette cohorte de magistrats
internes; ces penseurs, vrais savants et
véritables amis de leur pays dont ils pren-
nent la défense; cette nombreuse milice
de ministres de notre sainte religion, qui
savent que Jésus-Christ, son divin fonda-
teur, leur recommande de rendre à César
ce qui est à César; les modestes sentinelles
et distributeurs de la science au village;
et mettez comme couronne à ce peuple
glorieux notre invincible armée qui cul-
bute avec tant de courage les phalanges
ennemies, quelque nombreuses qu'elles
soient, vous aurez ce corps immense et

digne qui compose la vraie nation. Les menteurs n'osent nier cette nation.

La vraie nation saura faire respecter ce qu'il y a de plus sacré, la religion, la famille, l'ordre, la propriété, les lois. Le chef qu'elle s'est choisi ne faillira pas à la mission qui lui a été confiée. C'est la tête.

Il faudrait aux menteurs une audace bien extraordinaire pour ne pas avouer que les ennemis de l'empire se compteraient facilement, tandis que le vrai peuple ami est innombrable.

Le vrai peuple est celui qui a la raison en partage; mais que les menteurs le sachent bien, il a aussi la sagesse et la force.

Il y en a, vous avez pu le remarquer, qui voudraient qu'en un instant tout le monde pût mettre la poule au pot en France et ailleurs où notre Empereur a à dire son mot. Mais Paris n'a pas été bâti en un jour, qu'ils attendent un peu et surtout qu'ils ne viennent rien entraver par leurs impertinences et leur mauvais vouloir. Il me semble qu'il n'y en a pas déjà trop mal de fait en si peu de temps.

LETTRE SEPTIÈME.

30 mai 1862.

Vous seriez peut-être tenté de croire que la cour de notre Empereur est à l'instar des vieilles cours qui s'usaient dans toutes sortes de plaisirs. Détrompez-vous ; l'Empereur est l'homme le plus simple de France, travaillant sans cesse, s'occupant de tout ce qui regarde le bien de son empire de près ou de loin. Quant à notre gracieuse souveraine l'impératrice Eugénie, c'est bien l'ange du bon Dieu, toujours en quête de bonnes œuvres. Elle a commencé par employer les six cent mille francs que la ville de Paris voulait employer à lui acheter une parure, à la fondation d'un établissement charitable pour les jeunes filles pauvres. Elle n'a pas besoin de diamants pour être belle ; elle préfère le bien pour les pauvres ; et dans l'exercice de sa charité, elle oublie les partis.

Elle est venue au secours des femmes en couches, en créant une maison qui recueille celles qui sont pauvres. Au revenu de cet hospice elle a ajouté cent mille francs, pris sur les deux cent cinquante mille que Napoléon avait glissés dans sa corbeille. Les cent cinquante mille francs qui lui restaient, elle les a employés à augmenter le nombre des pensionnaires incurables.

Cette charitable Impératrice prend sous son auguste patronage toutes les salles d'asile, toutes les sociétés de bienfaisance.

A la naissance du prince impérial, elle

fonde un orphelinat qui prend le nom de notre futur Empereur. Elle recueille toutes les pauvres petites créatures que Dieu a privées de leurs parents, les fait élever et leur donne un état. Que voudrait-on de plus?

Je n'en finirais pas si je voulais vous raconter tous ses actes de bienfaisance. Elle en invente tous les jours de nouveaux. Tous les maux qui la connaissent l'implorent; elle ne laisse pas couler une larme sans l'essuyer de ses doigts.

Notre Souveraine fait passer dans le cœur de son fils la charité qui brûle le sien; pendant que notre Empereur lui communique sa fermeté et son génie.

Décidément les menteurs ne sont pas heureux, ils ne peuvent rien inventer contre les vertus de notre cour impériale.

Tout ce que je vous ai rappelé est de l'histoire. N'en faites pas petite bouche. Opposez la vérité aux mensonges que voudrait débiter votre entourage, qui se croit de beaucoup plus savant que vous, parce qu'il est plus riche, ou qu'il lit les journaux. Persuadez-vous bien que le bon sens des masses saura distinguer le vrai du mensonge, le véridique du menteur, celui-ci fût-il doré.

La France est devenue vraiment la France; elle restera ce qu'elle est et deviendra encore plus florisante. Son cri sera toujours : vive l'Empereur , vive l'Impératrice, vive le Prince impérial. Ces trois *vive* veulent tout simplement dire : vive la France, que Napoléon a débarrassée de ses maillots. Menteurs à la France ceux qui ne poussent pas ce cri populaire et français.

Ne m'en veuillez pas si j'ai oublié quelques menteurs. Peut-être plus tard les trouverai-je. Du reste, ce que je vous en ai dit peut facilement vous faire reconnaître ceux que je pourrais avoir omis.

Je sais que vous ne voulez point porter ce vilain surnom.., Adieu, soyons toujours amis, et ayons foi aux destinées de la France, Dieu la protège.

Paris. — Typ. Gaittet, rue Gît-le-Cœur, 7.